BEI GRIN MACHT SICH IHR WISSEN BEZAHLT

Bibliografische Information der Deutschen Nationalbibliothek:

Die Deutsche Bibliothek verzeichnet diese Publikation in der Deutschen National-bibliografie; detaillierte bibliografische Daten sind im Internet über http://dnb.d-nb.de/ abrufbar.

Impressum:

Copyright © 2018 GRIN Verlag
Druck und Bindung: Books on Demand GmbH, Norderstedt Germany
ISBN: 9783346212108

Dieses Buch bei GRIN:

https://www.grin.com/document/914201

Anonym

Sportmarketing. SWOT-Analyse und Merchandising-Konzept

GRIN Verlag

Deutsche Hochschule für

Prävention und Gesundheitsmanagement

Hermann Neuberger Sportschule 3

66123 Saarbrücken

Einsendeaufgabe

Fachmodul:	Sportmarketing
Studiengang:	Sportökonomie
Datum Präsenzphase:	15.10.2018-18.10.2018
Studienort:	**Düsseldorf**
Semester:	**SS17**

Inhaltsverzeichnis

1 SWOT-Analyse

Tab. 1:   Stärken und Schwächen der TSG Hoffenheim (eigene Darstellung)

Relative Stärken	Relative Schwächen
Sportlicher Erfolg (Qualifikation für internationalen Wettbewerb)	Abhängigkeit vom Großinvestor (Dietmar Hopp)
Aufbau der Jugendakademie (DFB Eliteschule des Fußballs)	Schlechtes Image durch den Investor
Starkes, stetiges Wachstum der Mitgliederzahl	Kein Traditionsverein, dadurch geringes Ansehen in der Fanszene

Die TSG Hoffenheim hat in sportlicher Hinsicht durch die Qualifikation an der UEFA Champions League einen weiteren sportlichen Erfolg erzielen können (kicker.de).

Der moderne Aufbau der Jugendakademie hat der TSG zudem die Auszeichnung „Eltieschule des Fußballs" vom DFB eingebracht (achtzehn199.de).

Dieser sportliche Erfolg schlägt sich auch auf die Mitgliederzahl des Vereins aus. Von Dezember 2016 bis Mitte 2017 ist die Zahl von knapp 7.000 auf ca. 9.000 gestiegen, was einen Anstieg von 20% innerhalb eines halben Jahres bedeutet. Das Ziel, die Marke von 10.000 Mitgliedern zu erreichen, scheint nun nur noch eine Frage der Zeit der Zeit zu sein (achtzehn99.de).

Auch wenn sich die TSG Hoffenheim durch den sportlichen Erfolg und durch den Verkauf von eigens ausgebildeten Spielern selbst finanzieren kann, besteht weiterhin eine Abhängigkeit vom Großinvestor Dietmar Hopp, besonders wenn es um die internationale Konkurrenzfähigkeit geht (faz.net).

Diese Abhängigkeit bringt immer wieder Anfeindungen gegen Die TSG und den „Mäzen" Dietmar Hopp mit sich. Auch das Ansehen des Vereins in den Fanszenen leidet unter diesem Modell, weil Hoffenheim kein klassischer „Traditionsverein" ist. Besonders deutlich wurde dies wieder, als die Anfeindungen der Fans von Borussia Dortmund so weit gingen, dass Dietmar Hopp sogar Strafanzeige gegen diese stellte (derwesten.de)

Tab. 2:   Chancen und Risiken der TSG Hoffenheim (eigene Darstellung)

Chancen	Risiken
Qualifikation für die Champions League	Verlust/Verkauf von Top-Spielern
Nationaler sportlicher Erfolg	Verlust des „Aushängeschildes" Julian Nagelsmann
Fernsehvermarktung	Tod von Dietmar Hopp

Der sportliche Erfolg, sowohl national als auch die Qualifikation an der UEFA Champions League bringt der TSG Hoffenheim viele Vorteile. Zum einen wird der Verein für gute Spieler attraktiver, was die Konkurrenzfähigkeit in diversen Wettbewerben steigert. Zum anderen steigt die Bekanntheit des Vereins national wie international. Dies könnte unter anderem für höhere Einnahmen durch Merchandise-Artikel sorgen.

Die Einnahmen von TV-Geldern steigen durch die Qualifikation an der Champions League um ein vielfaches. Aber auch die Fernsehvermarktung in den nationalen Wettbewerben wird durch den sportlichen Erfolg lukrativer, da auch hier höhere Einnahmen zu erwarten sind.

Allerdings birgt der steigende Erfolg auch Risiken. Durch den Erfolg und die steigende Bekanntheit geraten automatisch die Leistungsträger des Vereins in den Fokus von größeren Vereinen. Der Verlust von einigen Top-Spielern könnte die Folge sein, was zum Beispiel der Abgang von Sandro Wagner zu den Bayern belegt. Außerdem hat der Erfolg dafür gesorgt, dass der Trainer Julian Nagelsmann, der als jüngster Trainer der Bundesligageschichte ein absolutes Aushängeschild des Vereins ist, im kommenden Sommer den Verein in Richtung RB Leipzig verlassen wird.

Zuletzt ist der Verlust des Großinvestors Dietmar Hopp ein großes Risiko. Da dieser mittlerweile bereits 78 Jahre alt ist, steigt das Risiko des Verlustes natürlich stetig.

Tab. 3: Darstellung der SWOT-Matrix der TSG Hoffenheim (eigene Darstellung)

		Externe Analyse	
		Chancen	Risiken
INTERNE ANALYSE	Stärken	1. Die Einnahmen steigen durch die Übertragungsrechte der Spiele im TV. Im deutschen Free-TV wird pro Champions League Spieltag ein Spiel mit deutscher Beteiligung übertragen. Besonders diese Übertragung würde der TSG viel Geld einbringen. Die steigende mediale Präsenz bringt außerdem die Chance der noch besseren TV-Vermarktung mit sich. 2. Der sportliche Erfolg steigert die Attraktivität des Vereins für neue Spieler. Besonders auch für Jugendspieler, da die TSG Hoffenheim als „Ausbilderverein" bekannt dafür ist, dass junge Spieler die Chance auf viele Einsätze erhalten. Durch die Kombination der Eliteakademie mit dem sportlichen Erfolg wird es einfacher, talentierte Spieler für die Akademie zu gewinnen, diese weiter zu fördern und letztendlich in den Profi-Kader zu integrieren.	1. Die weitere Förderung von Talenten und der Verkauf dieser, sowie die wiederholte Qualifikation an internationalen Wettbewerben und den damit einhergehenden Einnahmen sollten dafür genutzt werden, um sich im Fall des Ausscheidens von Dietmar Hopp als Investor selbst finanzieren zu können. 2. Die besten Jugendspieler sollten rechtzeitig mit langfristigen Verträgen ausgestattet werden, um einen schnellen Verlust dieser zu verhindern. Außerdem ist der sportliche Erfolg wichtig, um den Leistungsträgern eine gute sportliche Perspektive bieten zu können. Zudem sollte das Wachstum des Vereins weiter im Fokus stehen, damit sich die Spieler mit dem Verein TSG Hoffenheim identifizieren können. Dies könnte dafür sorgen, dass die Top-Spieler nicht dem nächstbesten Angebot eines anderen Vereins folgen.
	Schwächen	1. Durch die steigende mediale Präsenz bietet sich die Chance, sich nach und nach als Top-Verein in der Bundesliga zu etablieren und damit das Image mehr und mehr zu verbessern. Die Akzeptanz des Vereins ist in den letzten Jahren bereits gestiegen und wird bei weiterem nationalen und internationalen Erfolg noch weiter wachsen. 2. Die Einnahmen, die der sportliche Erfolg mit sich bringt ist eine Möglichkeit, sich nach und nach von der Abhängigkeit von Dietmar Hopp zu lösen. Das Ziel sollte die finanzielle Unabhängigkeit sein und kann durch die Einnahmen aus den Wettbewerben und aus den TV-Geldern erreicht werden.	1. Dem Verlust von Leistungsträgern kann nur mit weiterem sportlichen Erfolg und weiterem Wachsen des Vereins und der Bekanntheit entgegengewirkt werden. Der Erfolg ist hier ausschlaggebend, da dieser Grundvoraussetzung für die anderen Aspekte ist. 2. Wichtig wird sein, im Falle des Todes von Dietmar Hopp finanziell gut aufgestellt zu sein. Ziel sollte es sein, sich bis dahin selbst finanzieren zu können. Wenn dies nicht der Fall ist, man sich also einen neuen Investor suchen muss, könnte das Image erneut sehr darunter leiden. Die Folge könnte dann sein, dass die schwer erarbeitete Anerkennung der TSG wieder sinkt. Dieses Bild des Vereins könnte dann zur Folge haben, dass die Identifikation der Spieler und Mitglieder mit dem Verein sinkt und sowohl Spieler, als auch Mitglieder den Verein schneller verlassen.

2 Merchandising und Licensing

In der folgenden Aufgabe wird ein Merchandising-Konzept anlässlich des 30-Jährigen Jubiläums eines Volleyballvereins erstellt. Der Verein besteht aus den Sektionen Breiten- und Leistungssport, ist bestrebt Kinder- und Jugendarbeit zu fördern, hat diverse Kooperationspartner und beschreibt sich selbst als sportlich, freundlich und familiär.

2.1 Wer

Damit das Merchandising-Konzept perfekt auf die Möglichkeiten des Volleyballs zugeschnitten ist, ist die Entscheidung auf das Modell der Auslagerung betrieblicher Teilfunktionen gefallen. Die Produktion wird dabei ausgelagert, um die Qualität der Artikel möglichst hochwertig gestalten zu können. Ein weiterer Grund für die Auslagerung ist die Kostenersparnis für den Verein.

Die Gestaltung und Auswahl der Artikel obliegt dem Verein, da Vereinsmitglieder optimal beurteilen können, welche Artikel im Verein gefragt sind und gleichzeitig zum Vereinsimage passen. Außerdem wissen die Mitglieder, was das Jubiläum für den Verein bedeutet und können dies in die Auswahl mit einfließen lassen.

2.2 Was

Tab. 4: Fanartikelsortiment (eigene Darstellung)

Merchandise-Artikel	Beschreibung des Artikels
Jubiläumstrikot	Als Jubiläumstrikot in der Trendfarbe mintgrün, mit dem Vereinslogo auf der Brust und dem Schriftzug 1987-2017 in gold auf dem Rücken; in allen Kinder- und Erwachsengrößen sowie mit geschlechtsspezifischem Schnittmuster
Beachvolleyball	In den Vereinsfarben (blau-weiß) mit Vereins- und Jubiläumslogo
Base-Cap	In schwarz, mit dem Vereinslogo vorne und dezentem Schriftzug (1987-2017) in weiß auf der Seite
Sporttasche	In blau, mit dem Vereinslogo auf der einen Seite und dem Jubiläumslogo auf der anderen Seite
Sammelalbum	Mit Stickern von jedem Spieler der acht Mannschaften, sowie aller Trainer und Funktionäre des Vereins zum Sammeln und Tauschen
Collegeblock	Mit blauem Deckblatt mit Vereinslogo und weißem Schriftzug 1987-2018

Der Anlass dieses Produktsortiments ist das 30-Jährige Jubiläum des Vereins. Daher handelt es sich um eine aktionsspezifische Planung.

Das Kernsortiment besteht dabei aus dem Jubiläumstrikot, dem Beachvolleyball und der Sporttasche, da diese Artikel essentiell für das Betreiben des Sports sind. Das Trikot kann dabei sowohl zum Training, als auch in der Freizeit beim Sport getragen werde und spiegelt durch sein besonderes Design die Besonderheit des Jubiläums für den Verein wieder. Der Beachvolleyball ist für die Beachvolleyball-Saison gedacht und auch eine Sporttasche ist für den Vereinssport unabdingbar.

Das Zusatzsortiment besteht aus der Base-Cap, die beim Beachvolleyball spielen in der Sonne, sowie in der Freizeit getragen werden kann und dem Sammelalbum, das besonders für Kinder und Familien gedacht ist. Ziel ist es, durch Sammeln und Tauschen die Interaktion der Besitzer zu fördern und den Verein und seine aktiven Mitglieder und Funktionäre bekannter zu machen.

Komplettiert wird die Produktreihe durch den Randartikel eines Collegeblocks. Dieser ist besonders für Kinder und Jugendliche in der Schule gedacht.

2.3 Wem

Die zum Jubiläum erscheinende Produktlinie ist hauptsächlich für Vereinsmitglieder und –mitarbeiter, sowie für Sponsoren, also der vereinsinternen Zielgruppe, gedacht.

Das Tragen der Kollektion bei Events oder in der Freizeit steigert die Identifikation mit dem Verein. Das einheitliche Auftreten fördert zudem das Gemeinschaftsgefühl.

Das Trikot, der Volleyball und die Sporttasche sollen hauptsächlich die aktiven Mitglieder des Vereins ansprechen.

Aufgrund der Kinder- und Jugendorientierten Arbeit des Vereins zielen sowohl das Sammelalbum, als auch der Collegeblock auf diese Zielgruppe ab.

Die Base-Cap, aber auch das limitierte Trikot ist sowohl für die aktiven, als aber auch für alle Gönner und als Präsent für Sponsoren gedacht.

Grundsätzlich ist das Ziel der Produktreihe die Identifikation mit dem Verein zu erhöhen, das Gemeinschaftsgefühl zu stärken und die Bekanntheit des Vereins in der Stadt zu erhöhen. Letzteres soll für die Generierung neuer Mitglieder und höherer Besucherzahlen bei den Profi-Spielen sorgen.

2.4 Bedingungen

Obwohl der Verein auch über zwei Profimannschaften verfügt, ist er mit sechs Breitensportmannschaften hauptsächlich gemeinnützig. Bei der Preisbildung entscheidet sich der Verein aus diesem Grund und wegen den zuvor genannten Zielen der Produktreihe für die Niedrigpreispolitik. Zudem wird bei der Preisbildung auf die psychologische 0,99 gesetzt, die den Mitgliedern das Gefühl geben soll, die Produkte zu einem fairen Preis einzukaufen.

Da es sich bei den Produkten um eine aktionsspezifische Linie handelt, wird die angewandte Preispolitik nochmals in drei Phasen unterteilt.

Die erste Phase dauert bis 14 Tage vor dem Jubiläum. In dieser Phase gibt es 10% „Early-Bird-Rabatt" plus 5% zusätzlichen Rabatt für Vereinsmitglieder. Durch die zeitliche Begrenzung wird Gefühl der Knappheit erzeugt, was sich in der Regel positiv auf die Verkaufszahlen auswirkt.

In der zweiten Phase, 14 Tage vor dem Jubiläum bis vier Wochen vor Saisonende, werden die Produkte zum regulären Preis verkauft. Da das Jubiläum hier am präsentesten ist wird hier der größte Absatz von Produkten erwartet.

Die dritte und letzte Phase beginnt vier Wochen vor Saisonende und bildet eine Art „Ausverkauf", in dem es bis zu 70% Rabatt gibt, um möglichst die ganze aktionsgebundene Ware verkauft zu bekommen.

Wichtig ist, dass ein gesunder Mix aus niedrigem Preis und guter Qualität gefunden wird, damit sich auch die Profimannschaften mit den Produkten identifizieren können. Nur, wenn sich der gesamte Verein mit der herausgebrachten Kollektion identifizieren kann, können die gesteckten Ziele erreicht werden.

Tab. 5:   Preise der Produkte (eigene Darstellung)

Produkt	Preis
Trikot	19,99€
Beachvolleyball	24,99€
Base-Cap	9,99€
Sporttasche	29,99€
Sammelalbum	6,99€
Collegeblock	1,99€

2.5 Kanäle

Bei dem Vertrieb hat sich der Verein für vier unterschiedliche Vertriebswege entschieden.
Die ersten beiden Vertriebswege werden dabei vom Verein selbst umgesetzt. Zum einen werden alle Artikel im Clubhaus angeboten. Darüber hinaus wird ein kleiner, mobiler „Fan-Shop" für alle auf dem Vereinsgelände stattfindenden Spiele, Turniere und Events aufgebaut, um bei den besagten Events möglichst nah am potentiellen Kunden zu sein.
Bei dem dritten und vierten Vertriebsweg handelt es sich um sogenannten Fremdvertrieb. Alle Sportartikel werden durch Kooperationen bei den Sportfachgeschäften der Stadt ins Sortiment aufgenommen, die Sammelalben sowie die zugehörigen Sticker sind bei den örtlichen Supermärkten, Kiosken und Tankstellen erhältlich.
Sowohl der eigene, als auch der Fremdvertrieb haben dabei Vorteile.
Der größte Vorteil des Eigenvertriebs ist dabei die Authentizität, die größten Stärken des Fremdvertriebs sind die flexiblere Erreichbarkeit und eine gewisse Erfahrung im Vertreiben von Artikeln dieser Art.

2.6 Begleitmaßnahmen

Um den Verkauf des Sortiments möglichst erfolgreich gestalten zu können, ist eine gute Planung unerlässlich. Es wird also ein detaillierter Jahresmarketingplan mit allen erforderlichen Maßnahmen erstellt, um die Aktion so zielführend wie möglich umzusetzen.
Da Sortiment und Zielgruppe sehr breit gestreut sind, werden viele unterschiedliche Wege genutzt, um den potentiellen Käufer zu erreichen.
Zunächst wird die gesamte Kollektion in der Vereinseigenen Zeitschrift beworben, die bei jedem Heimspiel der Profimannschaften gratis verteilt werden. Außerdem werden die Profimannschaften in den beiden Spielen vor Beginn der Aktion mit den Jubiläumstrikots auflaufen, um schon vor der Veröffentlichung auf diese aufmerksam zu machen.
Darüber hinaus werden Werbeplakate, auf denen Vereinsmitglieder jeder Art Produkte aus der neuen Kollektion tragen, in der Halle und im Clubhaus aufgehängt um die Präsenz der Kollektion und die Identifizierung mit dieser anzuheben.

Um die jüngeren Generationen bestmöglich zu erreichen, wird die Kollektion über sämtliche Sozialen Netzwerke beworben und zusätzlich in der Vereinseigenen App vorgestellt.

In diesen beiden Kanälen wird außerdem ein Countdown bis zum Erscheinungsdatum der Kollektion geschaltet, der von vielen Aktionen und Gewinnspielen begleitet wird, um schon vor dem Verkaufsstart eine Interaktion mit den potentiellen Käufern zu schaffen.

2.7 Zeitraum

Der Countdown, sowie die Werbung für die Kollektion startet dem Jubiläum gemäß 30 Tage vor dem Jubiläumsdatum. Die reine Bewerbung der Produktreihe dauert dann knapp zwei Wochen, ehe der Verkauf, wie zuvor beschrieben, 14 Tage vor dem Jubiläum, startet.

Die Aktion dauert dann ein Jahr, also bis einen Tag vor dem 31. Jahrestag.

Alle Artikel, die bis dahin nicht verkauft worden sind, verschwinden aus den Sortimenten der Sportfachgeschäfte, Tankstellen, Kioske und Supermärkte und werden nur noch im Eigenvertrieb stark vergünstigt als Restposten verkauft.

3 Digitalisierung

Im Folgenden wird eine App von einer Full-Service-Agentur für einen hypothetischen Verein erstellt. Im Anschluss wird der Verein bei der Verbreitung der App unterstützt.

3.1 Darstellung des Vereins

Tab. 6:   Darstellung des Vereins (eigene Darstellung)

Vereinsangebot	Fußball, Handball und Volleyball
Mitgliederzahl	4.000
Anzahl bezahlter Mitarbeiter	12
Anzahl ehrenamtlicher Mitarbeiter	40

3.2 Zielgruppen und Marketingziele

Tab. 7: Zielgruppen und Marketingziele (eigene Darstellung)

Zielgruppe	Marketingziele
Mitglieder	1. Organisatorische Prozesse optimieren 2. Trainer, Mitglieder und Spieler vernetzen und Informationsaustausch vereinfachen
Fans/Angehörige/Interessierte	1. Image aufbessern zu einem modernen, zeitgemäß auftretendem Verein 2. Bekanntheit und Reichweite des Vereins erhöhen

3.3 Inhalt der App

Tab. 8: Integrierter Inhalt der Vereins-App (eigene Darstellung)

Themen	Mehrwert für den Kunden	Mehrwert für den User
Präsentation aller Mannschaften	- Präsentation des Vereins in der Öffentlichkeit ohne Mehraufwand - Alle Sportarten in einem Medium präsentiert	- Informationen über die Mannschaften des Vereins - Informationen über die Breite des Angebots des Sportvereins
Newsticker mit Push-Nachrichten	- Schnelle Verbreitung interner Nachrichten, schnell zu verbreiten und kostengünstig	- Schneller Informationsfluss - Alle Infos auf einen Blick, direkt verfügbar
Mannschaftsinterne Foren/ Vereinsforum	- Schnelle Verbreitung von Mannschaftsinternen Informationen - Austausch mit Usern - Möglichkeit der Image-Aufwertung des Vereins	- Vereinfachte Kommunikation innerhalb der Mannschaft, zum Beispiel wenn es um Trainingsabsagen oder ähnliches geht - Stärkt das Gemeinschaftsgefühl - Schnelle Lösungen durch eine große Community bei eventuellen Fragen oder Problemen
Live-Ticker mit Fotos und Videos zu den Spielen	- Schnelle Verbreitung von Neuigkeiten - Bindung der User durch persönlichen Bezug dieser	- Verfolgung des Vereinserfolges - Alle Ergebnisse des Vereins auf einem Blick - Eventuell Bilder/Videos von Freunden/Verwandten/Bekannten

3.4 Chancen und Risiken der Vereins-App

Chance 1: Vernetzung von allen, die Interesse am Verein haben

Durch die App findet ein schneller Informationsaustausch innerhalb des Vereins statt. Dieser kann sowohl von allen aktiven, als aber auch von allen, die den Verein von außen verfolgen als sehr angenehm aufgefasst werden. Die Interaktion wird durch die Foren außerdem gefördert.

Chance 2: Präsentation aller Mannschaften

Die Präsentation des Vereins in all seinen Facetten ist durch die App sehr zeitgemäß, für Amateurvereine sogar fortschrittlich. Dieses fortschrittliche Auftreten steigert das Image und die Bekanntheit des Vereins in der Stadt, was zum Beispiel die Generierung von neuen Mitgliedern zur Folge haben kann.

Risiko 1: Die virtuelle Vernetzung ersetzt den persönlichen Kontakt

Das Vereinsleben, wie man es bislang kennt und schätzt, könnte der App zum Opfer fallen, indem immer mehr Informationen und sonstige Dinge über die App kommuniziert werden. Dadurch ist in vielen Bereichen eine persönliche Anwesenheit der Mitglieder nicht mehr von Nöten, was das Vereinsleben auf Dauer negativ beeinflussen könnte.

Risiko 2: Ausgrenzung von Mitgliedern/Interessierten ohne Affinität zur Digitalisierung

Besonders ältere Mitglieder und Gönner des Vereins, aber auch die jüngeren, die kein Smartphone besitzen, oder sich wenig damit auseinandersetzen, könnten sich durch eine solche App ausgegrenzt fühlen. Besonders den Älteren, die das „klassische" Vereinsleben besonders schätzen, wird diese Digitalisierung nicht gefallen.

3.5 Möglichkeiten für die Erhöhung der Bekanntheit und der User

Damit die App schnellstmöglich erfolgreich in den Alltag des Vereins integriert werden kann, ist ein zielgruppenspezifisches Marketing wichtig. Die primäre Zielgruppe bilden dabei zunächst Mitglieder und Fans. Außerdem sollte man innerhalb des Vereins eine gewisse „Abhängigkeit" von dieser App schaffen, zum Beispiel dadurch, dass Absagen von Spielen und Trainingseinheiten ausschließlich über die App kommuniziert werden. Die Kanäle, die es zunächst zu bedienen gilt, sind vereinsnah.

Man könnte in alle Zeitschriften, auf allen Plakaten, auf denen die Spiele angekündigt werden, QR-Codes platzieren, um den Download der App zu erleichtern.

Außerdem sollte das Gefühl der Abhängigkeit von der App dafür sorgen, dass alle Spieler und Trainer schnell zu Usern werden. Dies hätte zur Folge, dass die Fans ihren „Stars" nacheifern und sich die App ebenfalls zulegen. Um dieses Nacheifern zu erreichen, soll es Werbebanner und Audiowerbung an Spieltagen von den Spielern zu der App geben.

Der letzte Kanal, der angestrebt wird, ist die persönliche Vorstellung der App von den Spieler an die Fans an den Spieltagen.

4 Sponsoring

Unternehmensbeschreibung

Mit der Smartwatch *ROI* (Abkürzung für Return on Investment) will das Unternehmen *Be A Pro* das Training und die Wettkampfvorbereitung für Läufer revolutionieren.

Besonders das moderne Konzept und das zukunftsorientierte Denken zeichnet das Unternehmen aus. Gegründet durch zwei Sportökonomen, die seit langer Zeit selbst Ehrgeizige Läufer sind, umfasst das Team mittlerweile 6 festangestellte Mitarbeiter und 2 duale Studenten. Das Markenzeichen der Smartwatch ist das individuell wählbare, auffällige Design der Uhr, sowie die durch Logarithmen dem Trainingsziel angepassten, individuellen Trainingsplänen, die die Uhr für den Träger erstellt. Die primäre Zielgruppe, die mit der Smartwatch ROI angesprochen werden soll, sind „semi-professionelle" Läufer, die sich selbst als ehrgeizig, zielorientiert und individuell bezeichnen würden. Der Sitz des Unternehmens befindet sich in Bocholt in Nordrhein-Westfalen, das Laufevent ist also eine hervorragende Gelegenheit, die Smartwatch über die Grenze hinaus bekannter zu machen. Besonders die stetige Weiterentwicklung liegt dem Unternehmen am Herzen, dieses Verlangen überträgt sich auch auf die Kunden. Durch das individuelle Design werden die Uhren zwangsweise zum Großteil über den Eigenvertrieb im eigenen Online-Shop verkauft. Aber auch über den firmeneigenen Amazon-Account, sowie bei einem kooperierenden Lauf-Fachgeschäft können die Uhren erworben werden.

Die moderne Haltung des Unternehmens zeigt sich auch in den bislang verwendeten Kommunikationsinstrumenten. Neben dem Sponsoring wird besonders auf die Sozialen Medien gesetzt. Hier wird besonders die Werbung durch Influencer und Blogger fokussiert, aber auch geschaltete Werbung nutzt das Unternehmen. Darüber hinaus werden Veranstaltungen, wie zum Beispiel das hier stattfindende Laufevent, für Produktdemonstrationen am Endverbraucher genutzt. Weiterhin wird mit TV-Spots während diverser Sportveranstaltungen auf das neue Modell aufmerksam gemacht.

Phasen des Sponsoringprozesses

Festlegung der psychologischen Ziele:

- Bekanntheit der Marke steigern
- Image der Marke auf Premiumniveau anheben

Tab. 9:   Schnittmengenanalyse der Zielgruppen (eigene Darstellung)

Zielgruppe Laufevent	Zielgruppe *ROI*	Schnittmenge
- Sowohl Läufer als auch Zuschauer - Alle Sportbegeisterten Menschen; ab 18 Jahre und egal welchen Geschlechts	- Zielorientierte, ehrgeizige Läufer, die sich immer weiter verbessern wollen - Ab 18 Jahre, beide Geschlechter - Aktiv, ehrgeizig - Läufer auf Leistungsniveau	- Sportbegeisterte Menschen, vor allem Läufer - Menschen ab 18 Jahre, sowohl männlich als auch weiblich

Sponsoring-Einzelmaßnahmen:

1. Platzierung des Unternehmenslogos auf den Print- und Onlinemedien
2. Unternehmenslogo auf dem Funktionsshirt, das auf dem Event verteilt wird
3. Bedruckung des Zielbandes mit dem Unternehmensnamen
4. Testuhren für die ersten 1000 angemeldeten Läufern, um die Funktionen unter Wettkampfbedingungen zu testen
5. Werbebanden am Streckenrand, um zum Beispiel auf Fotos nach dem Event noch präsent zu sein

Erfolgskontrolle des Sponsorships:

Als Kontrolle über die Erreichung der psychologischen Ziele der Bekanntheitssteigerung sowie der Anhebung des Markenimages wird eine Befragung sowohl von Zuschauern, als auch von Läufern vor Beginn des Eventtages, sowie am Ende des Events durchgeführt. Zudem wird überprüft, ob die Besucherzahl der Homepage, sowie die Likes der Sozialen Medien nach dem Event signifikant ansteigen.

Der ökonomische Erfolg des Sponsorships wird anhand der Absatzzahlen im Folgemonat im Vergleich zum Durchschnitt in den letzten Monaten überprüft.

5 Literaturverzeichnis

Jakob, J. (2018). *Champions League-Vereine.* Zugriff am 09.12.2018. Verfügbar unter: http://www.kicker.de/news/fussball/chleague/vereine/champions-league/2018-19/vereine-liste.html

Frommert, C. (2016). *Alle wichtigen Infos zur TSG Akademie.* Zugriff am 09.12.2018. Verfügbar unter: https://www.achtzehn99.de/akademie/ueberblick-akademie/

Frommert, C. (2017). *9.000 – Mitglieder-Boom bei der TSG.* Zugriff am 10.12.2018. Verfügbar unter: https://www.achtzehn99.de/newsarchiv-2/newsarchiv-2017/august-2017/9-000-mitglieder-boom-bei-der-tsg/

Horeni, M. (2017). *„Innovation – da sind wir Spitze".* Zugriff am 11.12.2018. Verfügbar unter: https://www.faz.net/aktuell/sport/fussball/wohin-rollt-der-ball/1899-hoffenheim-maezen-dietmar-hopp-im-interview-ueber-innovation-15128374.html

Herms, M. (2018). *Borussia Dortmund: Anzeigen gegen mehr als 30 BVB-Fans wegen Hopp-Beleidigungen – darum ist der Fall für die Fanhilfe so wichtig.* Zugriff am 11.12.2018. Verfügbar unter: https://www.derwesten.de/sport/fussball/bvb/borussia-dortmund-dietmar-hopp-bvb-fans-id215371779.html

6 Tabellenverzeichnis